KOMPLETNÍ KNIHA RECEPTŮ DEZERTNÍ DESKY

Pozvedněte svou dezertní hru na úroveň Dokonalý zážitek z desky

Helena Valová

Materiál chráněný autorským právem ©2024

Všechna práva vyhrazena

Žádná část této knihy nesmí být použita nebo přenášena v jakékoli formě nebo jakýmikoli prostředky bez řádného písemného souhlasu vydavatele a vlastníka autorských práv, s výjimkou krátkých citací použitých v recenzi. Tato kniha by neměla být považována za náhradu lékařských, právních nebo jiných odborných rad.

OBSAH _

OBSAH _ 3
ÚVOD 7
FESTIVNÍ DEZERTNÍ PÉČE 8
   1. Den svatého Patrika Dezertní tabule Přívěsky pro štěstí 9
   2. Čínský Nový rok oslava dezert deska 11
   3. Velikonoční uzeniny deska 13
   4. Valentýnské dezertní tabule 15
   5. Vánoční dezertní uzeniny deska 17
   6. Slavnostní a barevné narozeninové párty uzenářské tabule 19
   7. Dezertní deska na vánoční cukroví Extravaganza 21
   8. Vánoční cukroví uzeniny deska 23
   9. Prázdninové dezertní uzenářské tabule 25
   10. Dezertní deska pro oslavu Chanuky 27
   11. Dezertní tabule na oslavu Silvestra 29
   12. Dezert na Valentýna miláčku 31
   13. Dezertní deska velikonočního zajíčka Rozkoš 33
   14. Dezertní tabule pro ohňostroje čtvrtého července 35
   15. Dezertní deska Halloween Strašidelný Rozkošs 37
   16. Dezert na sklizeň díkůvzdání 39
   17. Dezertní deska Diwali Festival světel 41
   18. Dezertní deska Ramadán Iftar 43
   19. Dezertní deska Cinco de Mayo Fiesta 45
   20. Dezertní deska letní slunovrat Sluneční svit 47
   21. Dezertní deska pro oslavu Oktoberfestu 49
   22. Zimní slunovrat Mrazivý Rozkošs Dessert Deska 51
REGIONÁLNÍ DEZERTNÍ DESKY 53
   23. Deska s javorovým krémem a jablkem pečeným brie 54
   24. Italská dezertní deska 56
   25. Francouzská dezertní deska 58
   26. Americká dezertní deska 60
   27. Japonská dezertní deska 62

28. Mexická dezertní deska 64
29. Indická dezertní deska 66
30. Řecká dezertní deska 68
31. Brazilská dezertní deska 70
32. Marocká dezertní deska 72
33. Thajská dezertní deska 74
34. Španělská dezertní deska 76
35. Vietnamská dezertní deska 78
36. Turecká dezertní deska 80
37. Argentinská dezertní deska 82
38. Korejská dezertní deska 84
39. Australská dezertní deska 86
40. Libanonská dezertní deska 88
41. Švédská dezertní deska 90
42. Nigerijská dezertní deska 92
43. Švýcarská deska na dezerty 94
44. Jihoafrická dezertní deska 96
45. Malajská dezertní deska 98
46. Izraelská dezertní deska 100

SEZÓNNÍ DEZERTNÍ PLÁŠTĚ 102

47. Jarní dezertní deska 103
48. Letní dezertní deska 105
49. Podzimní Dezertní deska 107
50. Zimní dezertní deska 109
51. Dezert na začátku léta Bobule blaženost 111
52. Dezertní deska pozdního léta s peckovým ovocem 113
53. Útulná deska na dezerty na podzimní sklizeň 115
54. Dezertní deska Zimní říše divů 117

TEMATICKÉ DEZERTNÍ DESKY 119

55. Filmovat Noční uzeniny Deska 120
56. Popcorn Filmová nocUzenina Deska 122
57. Taco Noc Charcuterie Deska 124
58. Dezertní deska na zahradní párty 126
59. Dezert na plážové párty 128
60. Dezert pro milovníky knih 130

61. Hra Noc Dessert Deska 132
62. Dezertní deska na maškarní ples 134
63. Dezertní deska pro průzkum vesmíru 136
64. Karnevalová zábavná dezertní deska 138
65. Dezert pro tropické luau 140
66. Dezertní deska Fantazie o jednorožci 142
67. Hudební festival Vibrace Dessert Deska 144
68. Dezertní deska Zimní říše divů 146
69. Retro 80s Retrospektiva Dessert Deska 148
70. Letní táborák S'mores Dessert Deska 150
71. Dezert Detektivní záhadaDessert Deska 152
72. Jarní zahrada Čajový dýchánekDessert Deska 154

ČOKOLÁDOVÉ DEZERTNÍ DESKY 156

73. Čokoládová deska na uzeniny 157
74. Země sladkostí'Jarcuterie' 159
75. Fruicuterie Deska 161
76. Dezertní deska s brusinkovými čokoládovými lanýži 163
77. S'Mores Charcuterie Deska 165
78. Deska na sýrové fondue 167
79. Mňam čokoláda Fondue uzeniny Deska 169
80. Dekadentní deska pro milovníky čokolády 171
81. Klasická deska na oblíbené čokoládové dezerty 173
82. Dezert pro gurmánskou ochutnávku čokolády 175
83. Dezertní deska z bílé čokolády Říše divů 177
84. Dezertní deska Kamenná cestaIndulgence 179
85. Dezert Mátová čokoláda BlaženostDessert Deska 181
86. Dezert čokoládových snů 183
87. Dezertní deska s karamelovou čokoládou 185
88. Dezertní deska S'mores Galore 187
89. Bílá čokoláda malina romantická dezertní deska 189
90. Dezertní deska s lískooříškovou čokoládou Heaven 191
91. Dezertní deska pro lahůdky máčené v čokoládě 193

DEZERTNÍ DESKY ZAMĚŘENÉ NA OVOCE 195

92. Dezertní deska Bobule blaženost Bonanza 196
93. Dezertní deska Tropické ovoceParadise 198

94. Dezertní deska Extravaganza Citrusový výbuch..200
95. Dezertní deska z sklizně sadů..202
96. Dezertní deska s melounovým medleyem...204
97. Dezertní deska s exotickým ovocem..206
98. Dezertní deska Léto bobule oslava..208
99. Citrusová karnevalová dezertní deska..210
100. Dezertní deska Mango Šílenství...212

ZÁVĚR.. 214

ÚVOD

Vítejte v knize „Kompletní Kniha Receptů Dezertní Desky", vašemu dokonalému průvodci, jak pozvednout vaši dezertní hru a vytvořit dokonalý zážitek z desky. Tato kuchařka je oslavou kreativity, shovívavosti a radosti, kterou přináší sdílení delikátní sladkosti ve vizuálně úchvatné a lákavé prezentaci. Vydejte se s námi na cestu, která promění tradiční dezerty v pastvu pro oči a chuťové buňky a spojí lidi k nezapomenutelnému kulinářskému zážitku.

Představte si pomazánku naplněnou řadou lahodných pochoutek, od dekadentních čokolád po zářivé ovoce, vše umně naaranžované na krásně upraveném dezertním prkénku. " Kompletní Kniha Receptů Dezertní Desky " není jen sbírka receptů; je to průzkum umění prezentace, harmonie chutí a potěšení ze sdílení dezertů ve společném prostředí. Ať už plánujete speciální příležitost nebo prostě chcete proměnit obyčejný den ve sladkou oslavu, tyto recepty jsou vytvořeny tak, aby vás inspirovaly k vytvoření dezertních prkének, které zaujmou a potěší.

Od čokoládových desek na fondue po ovocné a sýrové dezertní pomazánky a od talířů na sušenky až po elegantní pečivo, každý recept je oslavou rozmanitosti a dekadence, kterou dezertní desky mohou nabídnout. Ať už jste zkušený cukrář nebo nadšený domácí pekař, tato kuchařka je vaším oblíbeným zdrojem pro vytváření vizuálně úžasných a neodolatelně lahodných dezertních desek.

Vydejte se s námi na cestu světem dezertních prkének, kde každý výtvor je svědectvím o umění a radosti, kterou přináší přeměna dezertů ve společný zážitek. Takže shromážděte své oblíbené pochoutky, zapojte kreativitu a pojďme pozvednout vaši dezertní hru pomocí „Kompletní Kniha Receptů Dezertní Desky".

FESTIVNÍ DEZERTNÍ PÉČE

1. Den svatého Patrika Dezertní tabule Přívěsky pro štěstí

SLOŽENÍ:
- Shamrock Sugar Cookies
- Duhové koláčky
- Hrnec zlatých čokoládových mincí
- Mátové čokoládové sušenky
- Přívěsky pro štěstí Marshmallow pamlsky
- Irské krémové čokoládové lanýže
- Plátky zeleného jablka s karamelovým dipem

INSTRUKCE:
a) Uspořádejte cukroví trojlístek a duhové košíčky.
b) Umístěte hrnec zlatých čokoládových mincí a mátové čokoládové sušenky.
c) Scatter Přívěsky pro štěstí marshmallow dobroty a irské krémové čokoládové lanýže.
d) Přidejte plátky zeleného jablka s karamelovým dipem.

2.Čínský Nový rok oslava dezert deska

SLOŽENÍ:
- Sezamové kuličky z červených fazolí
- Ananasové koláčky
- Mandlové sušenky
- Nudle dlouhověkosti (lékořicové cukroví)
- Mandarinkové pomerančové želé pohárky
- Šťastné sušenky
- Matcha Pocky Sticks

INSTRUKCE:
a) Uspořádejte červené fazolové sezamové kuličky a ananasové koláče.
b) Položte mandlové sušenky a nudle dlouhověkosti.
c) Přidejte mandarinkové želé poháry a sušenky štěstí.
d) Zahrňte tyčinky matcha Pocky pro nádech zelené.

3. Velikonoční uzeniny deska

SLOŽENÍ:
- Vejce vařená natvrdo, barvená v pastelových barvách
- Různé velikonoční cukrovinky (jako želé, Peeps nebo čokoládová vajíčka)
- Mini cupcakes nebo sušenky zdobené velikonočními motivy
- Mrkvové tyčinky nebo baby karotka
- Různé sýry nakrájené na velikonoční tvary (například zajíčci nebo vejce)
- Různé krekry nebo tyčinky
- Čerstvé jarní bylinky nebo jedlé květiny na ozdobu

INSTRUKCE:
a) Rozložte obarvená vejce natvrdo na velkou servírovací desku nebo talíř.
b) K vajíčkům položte různé velikonoční cukroví.
c) Přidejte na tabuli mini cupcakes nebo sušenky zdobené motivy s velikonočními motivy pro sladký a slavnostní nádech.
d) Na prkénko naaranžujte mrkvové tyčinky nebo baby karotky do tvaru mrkve.
e) Přidejte různé sýry nakrájené do velikonočních tvarů, jako jsou zajíčci nebo vejce, pro větší rozmar.
f) Poskytněte hostům různé krekry nebo tyčinky, které si mohou vychutnat se sýry a dalšími pochoutkami.
g) Ozdobte čerstvými jarními bylinkami nebo jedlými květy pro větší svěžest a vizuální přitažlivost.
h) Podávejte a užívejte si!

4. Valentýnské dezertní tabule

SLOŽENÍ:
- Sušenky nebo sušenky ve tvaru srdce
- Jahody v čokoládě
- Red velvet cupcakes nebo cake pops
- Různé čokolády nebo lanýže
- Jahodový nebo malinový jogurt nebo dip
- Čerstvé jahody nebo maliny
- Růžové nebo červené cukrové srdce nebo polibky
- Sypání nebo jedlé třpytky na ozdobu

INSTRUKCE:
a) Uspořádejte sušenky nebo brownies ve tvaru srdce na velkou servírovací desku nebo talíř.
b) Položte jahody v čokoládě vedle sušenek nebo brownies.
c) Přidejte na tabuli červené sametové cupcakes nebo cake pops pro slavnostní a požitkářský zážitek.
d) Pro rozmanitost a bohatost zařaďte různé čokolády nebo lanýže.
e) Poskytněte jahodový nebo malinový jogurt nebo dip v malých miskách pro namáčení.
f) Rozsypte čerstvé jahody nebo maliny pro nával svěžesti a pikantní chuti.
g) Přidejte růžové nebo červené cukrové srdce nebo polibky pro romantický dotek.
h) Posypte desku posypem nebo jedlými třpytkami pro větší ozdobu.
i) Podávejte a užívejte si!

5. Vánoční dezertní uzeniny deska

SLOŽENÍ:
- Různé vánoční cukroví (například cukroví, perníčky nebo křehké sušenky)
- Mini cupcakes nebo sušenky
- Kůra máty nebo tyčinky máty v čokoládě
- Vaječný koňak nebo pěna z bílé čokolády
- Čerstvé brusinky nebo semena granátového jablka
- Cukrovinky nebo mátové bonbóny
- Různé ořechy nebo stezka s příchutěmi (jako je skořice nebo muškátový oříšek)
- Snítky čerstvé máty nebo rozmarýnu na ozdobu

INSTRUKCE:
a) Rozložte různé vánoční cukroví na velkou servírovací desku nebo talíř.
b) Vedle sušenek položte mini cupcakes nebo sušenky.
c) Přidejte na tabuli mátovou kůru nebo tyčinky máty pokryté čokoládou pro slavnostní a mátovou pochoutku.
d) Podávejte vaječný koňak nebo pěnu z bílé čokolády v malých pokrmech pro krémový a požitkářský prvek.
e) Rozsypte čerstvé brusinky nebo semínka granátového jablka pro nával barvy a pikantní chuť.
f) Přidejte bonbony nebo mátové bonbóny pro klasický vánoční nádech.
g) Přidejte na tabuli různé ořechy nebo stezku s příchutěmi dovolené, jako je skořice nebo muškátový oříšek, pro větší křupavost a teplo.
h) Ozdobte snítkami čerstvé máty nebo rozmarýnu pro větší svěžest a vizuální přitažlivost.
i) Podávejte a užívejte si!

6. Slavnostní a barevné narozeninové párty uzenářské tabule

SLOŽENÍ:
- Různé barevné bonbóny (jako jsou gumoví medvídci, M&M's nebo želé)
- Mini cupcakes nebo cake pops
- Různé sušenky nebo macarons
- Preclíky v čokoládě nebo popcorn
- Ovocné špízy nebo ovocné kaboby
- Různé dipy (jako je čokoládový dip nebo smetanový dip)
- Duhové posypky nebo jedlé třpytky na ozdobu

INSTRUKCE:
a) Uspořádejte různé barevné bonbóny v samostatných miskách na velké servírovací desce nebo podnosu.
b) Vedle bonbónů položte mini cupcakes nebo cake pops.
c) Pro rozmanitost a sladkost přidejte na tabuli různé sušenky nebo macarons.
d) Přidejte preclíky v čokoládě nebo popcorn pro slanou a sladkou kombinaci.
e) Napíchejte čerstvé ovoce na ovocné špízy nebo vytvořte ovocné kaboby.
f) Poskytněte hostům různé dipy, jako je čokoládový dip nebo dip se smetanovým sýrem, aby si hosté mohli vychutnat ovoce a další pochoutky.
g) Nasypte na tabuli duhové posypy nebo jedlé třpytky pro slavnostní a barevný nádech.
h) Podávejte a užívejte si!

7.Dezertní deska na vánoční cukroví Extravaganza

SLOŽENÍ:
- Cukrové sušenky (ve tvaru hvězd, stromů a zvonků)
- Perníčky
- Čokoládová kůra máty peprné
- Linzerské sušenky
- Preclíkové tyčinky máčené v čokoládě
- Fudge z vaječného likéru
- Candy Canes

INSTRUKCE:
a) Uspořádejte sortiment cukroví ve tvaru Vánoc.
b) Položte perníčky a mátovou čokoládovou kůru.
c) Rozházejte linecké sušenky a preclíkové tyčinky máčené v čokoládě.
d) Přidejte čtverečky vaječného likéru o velikosti sousta.
e) Ozdobte bonbóny pro slavnostní dotek.

8. Vánoční cukroví uzeniny deska

SLOŽENÍ:
- Míchací lžíce s příchutí mléčné čokolády
- Santa Holiday Party kamarádi
- Minty Bells
- Směs na sobí občerstvení
- Různé sušenky a grahamové sušenky atd.
- Poleva z máslového krému, Nutella atd.
- Dřevěné prkénko

INSTRUKCE:
a) Cukroví můžete umístit do malých misek.
b) Doprostřed lžiček přidejte trochu čokoládové polevy a navrch dejte mini marshmallows. Tak roztomilé!

9.Prázdninové dezertní uzenářské tabule

SLOŽENÍ:
- prázdninové M&M's
- sušenka
- mandlové sušenky
- sněhové sušenky
- čokolády
- bonbóny
- třešňové kordy v čokoládě
- mátová kůra
- Vánoční stromky na sušenky (nebo běžné sušenky; přidejte červenou nebo zelenou polevu pro nádech sváteční barvy)
- karamelová kukuřice
- trailový mix
- zablácení kamarádi
- preclíky v čokoládě nebo jogurtu
- preclíkové tyčinky máčené v čokoládě
- karamelové čtverečky
- marshmallows

INSTRUKCE:

a) Najděte největší servírovací prkénko nebo prkénko na krájení dřeva, které máte, a nastavte určenou dezertní stanici.

b) Umístěte skupiny sladkých dobrot do svazků. Můžete použít kratší želé sklenice a misky na sypké bonbony (většinou proto, aby se nekutálely.)

c) Ujistěte se, že jste rozbalili všechny své bonbony, jako jsou bonbony, čokolády a karamelové čtverečky, než nasadíte prkénko na uzeniny.

10. Dezertní deska pro oslavu Chanuky

SLOŽENÍ:
- Rugelach (plněný čokoládou, ořechy a ovocem)
- Sufganiyot (koblihy plněné želé)
- Modré a bílé M&M's nebo čokoládové dražé
- Chanukové cukroví
- Preclíky v čokoládě ve tvaru Menory
- Čokoládový gel
- Plátky medového dortu

INSTRUKCE:
a) Uspořádejte rugelach a sufganiyot na desce.
b) Přidejte modrobílé M&M's nebo čokoládové dražé.
c) Položte chanukové cukroví a čokoládové preclíky ve tvaru menory.
d) Rozetřete čokoládovou gelovou hmotu po desce.
e) Přidejte plátky medového dortu pro tradiční nádech.

11. Dezertní tabule na oslavu Silvestra

SLOŽENÍ:
- Šampaňské lanýže
- Šumivé víno Gummy Bears
- Jahody v čokoládě
- Mini Cheesecake Bites
- Makaróny se zlatým prachem
- Slavnostní koláčky
- Fondue z tmavé čokolády s namáčecími předměty

INSTRUKCE:
a) Naaranžujte šampaňské lanýže a sekt gumové medvídky.
b) Položte jahody v čokoládě a mini cheesecake.
c) Rozházejte zlatem poprášené makronky a slavnostní cupcaky.
d) Připravte si fondue z tmavé čokolády s různými namáčecími předměty.

12. Dezert na Valentýna miláčku

SLOŽENÍ:
- Červené sametové koláče ve tvaru srdce
- Jahody v čokoládě
- Blondínky s malinou a bílou čokoládou
- Špízy na jahodový koláč
- Konverzace srdce cukroví cukroví
- Červené sametové lanýže
- Semena granátového jablka

INSTRUKCE:
a) Uspořádejte červené sametové koláče ve tvaru srdce a jahody v čokoládě.
b) Položte malinové a bílé čokoládové blondies a jahodové koláčové špízy.
c) Rozptylový rozhovor srdce cukroví a červené sametové lanýže.
d) Posypte semínky granátového jablka pro nával barvy.

13. Dezertní deska velikonočního zajíčka Rozkoš

SLOŽENÍ:
- Mrkvový dort cupcakes s tvarohovou polevou
- Cukrové sušenky ve tvaru zajíčka
- Mini čokoládová vajíčka a čokoládoví zajíčci zabalení ve fólii
- Citronově borůvkové koláče
- Kokosová makarónková hnízda plněná vajíčky Mini Cadbury
- Preclíkové tyče v bílé čokoládě

INSTRUKCE:
a) Naaranžujte koláčky z mrkvového dortu s polevou ze smetanového sýra.
b) Položte cukrové sušenky ve tvaru zajíčka a mini čokoládová vajíčka.
c) Rozházejte citronové borůvkové koláče a kokosová makronková hnízda.
d) Přidejte tyčinky preclíku pokryté bílou čokoládou.

14. Dezertní tabule pro ohňostroje čtvrtého července

SLOŽENÍ:
- Fruit Kabobs s motivem vlajky (jahody, borůvky a marshmallows)
- Červený, bílý a borůvkový tvarohový koláč
- Vlastenecké cukroví
- Borůvkové a malinové ovocné nanuky
- Firework Popcorn Mix (popcorn s červenou, bílou a modrou čokoládovou polevou)
- Berry Limonade Sorbet

INSTRUKCE:
a) Uspořádejte ovocné kaboby s motivem vlajky.
b) Umístěte červené, bílé a borůvkové tvarohové koláče.
c) Rozházejte vlastenecké cukroví a ovocné nanuky.
d) Přidejte misku směsi ohňostrojového popcornu a porce sorbetu z jahodové limonády.

15. Dezertní deska Halloween Strašidelný Rozkošs

SLOŽENÍ:
- Košíčky z čarodějnického klobouku
- Mumie Brownie Bites
- Cukroví cukroví z kukuřičného cukru
- Pumpkin Spice Cake Pops
- Ghost Marshmallow Pops
- Karamelové plátky jablka
- Různé halloweenské cukrovinky

INSTRUKCE:
a) Uspořádejte koláčky s čarodějnickým kloboukem a kousnutí mumie.
b) Místo cukroví kukuřičné cukroví cukroví a dýně koření dort pops.
c) Scatter ghost marshmallow pops a plátky karamelového jablka.
d) Přidejte sortiment halloweenských bonbónů pro strašidelný nádech.

16.Dezert na sklizeň díkůvzdání

SLOŽENÍ:
- Mini dýňové koláče
- Pekanové koláčové tyčinky
- Díry jablečného moštu
- Javorové glazované jablko blondýnky
- Harvest Trail Mix (ořechy, sušené ovoce a čokoláda)
- Karamelová jablková lízátka
- Pumpkin Spice Latte Mousse poháry

INSTRUKCE:
a) Uspořádejte mini dýňové koláče a pekanové koláče.
b) Umístěte otvory do jablečného moštu a javorově glazované jablko blondies.
c) Rozházejte směs na sklizeň a karamelová jablečná lízátka.
d) Přidejte dýňové koření latte pěny poháry pro slavnostní dotek.

17.Dezertní deska Diwali Festival světel

SLOŽENÍ:
- Gulab Jamun
- Jalebi
- Kaju Katli (popletal kešu)
- Kokosové Ladoo
- Besan Ladoo
- Gajar Halwa (Carrot Halwa)
- Pistácie a mandle Barfi

INSTRUKCE:
a) Uspořádejte na hrací plochu gulab jamun, jalebi a nejrůznější ladoos.
b) Položte kousky kaju katli a pistáciovo-mandlové barfi.
c) Přidejte porce gajar halwa pro slavnostní dotek.

18.Dezertní deska Ramadán Iftar

SLOŽENÍ:
- Qatayef (plněné arabské palačinky)
- Basbousa (Revani)
- Datle plněné ořechy
- Sortiment Baklava
- Atayef Asafiri (palačinky plněné smetanou)
- Kunafa Rolls
- Rýžový nákyp s růžovou vodou

INSTRUKCE:
a) Uspořádejte na desce qatayef, basbousa a atayef asafiri.
b) Umístěte datle plněné ořechy a sortiment baklavy.
c) Přidejte rohlíky kunafa a porce rýžového nákypu s růžovou vodou.

19. Dezertní deska Cinco de Mayo Fiesta

SLOŽENÍ:
- Churro Bites
- Dortové čtverce Tres Leches
- Margarita cupcakes
- Conchas plněné Dulce de Leche
- Plátky manga s kořením chilli limetka
- Mexické čokoládové lanýže
- Cukrové sušenky Piñata

INSTRUKCE:
a) Uspořádejte churro bites a tres leches dortové čtverce.
b) Položte košíčky margarita a ulce de leche plněné concha.
c) Plátky manga posypte chilli limetkovým kořením.
d) Zahrňte mexické čokoládové lanýže a piñata cukroví.

20. Dezertní deska letní slunovrat Sluneční svit

SLOŽENÍ:
- Citronové tyčinky
- Oranžové krémové nanuky
- Ananasový kokosový rýžový nákyp
- Berry Medley Tartlets
- Sušenky ze slunečnicového cukru
- Mangový sorbet
- Kiwi plátky

INSTRUKCE:
a) Naaranžujte citronové tyčinky a pomerančové krémové nanuky.
b) Umístěte ananasový kokosový rýžový pudink a košíčky s jahodovou směsí.
c) Rozsypte slunečnicové cukroví.
d) Přidejte kopečky mangového sorbetu a plátky kiwi.

21. Dezertní deska pro oslavu Oktoberfestu

SLOŽENÍ:
- Černý les cupcakes
- Jablečný závin sousta
- Preclík Karamel Brownie Bites
- Německé čokoládové lanýže
- Stollen Slices plněné marcipánem
- Švestkové tyčinky Kuchen
- Medovo-mandlové sušenky Lebkuchen

INSTRUKCE:
a) Uspořádejte košíčky z černého lesa a jablečný závin.
b) Umístěte preclíkové karamelové sušenky a německé čokoládové lanýže.
c) Rozsypte marcipánem plněné štolové plátky a švestkové kuchen tyčinky.
d) Přidejte medovo-mandlové sušenky lebkuchen pro sladký nádech.

22.Zimní slunovrat Mrazivý Rozkošs Dessert Deska

SLOŽENÍ:
- Kůra máty peprné
- Sněhové vločky cukrové sušenky
- Horké čokoládové košíčky
- Zimní říše divů Cake Pops
- Preclíkové tyčinky máčené v bílé čokoládě
- Šumivý brusinkový sorbet
- Vaječný tvarohový koláč bites

INSTRUKCE:
a) Uspořádejte mátovou kůru a cukrové vločky.
b) Umístěte košíčky s horkou čokoládou a dorty z říše divů.
c) Rozházejte tyčinky preclíků máčených v bílé čokoládě.
d) Přidejte kopečky šumivého brusinkového sorbetu a tvarohový koláč s vaječným koňakem.

REGIONÁLNÍ DEZERTNÍ DESKY

23. Deska s javorovým krémem a jablkem pečeným brie

SLOŽENÍ:
- Kolečko sýra Brie
- Javorový krém nebo javorový sirup
- Nakrájená jablka
- Různé sušenky nebo chléb
- Ořechy (jako jsou pekanové nebo vlašské ořechy)
- Čerstvé snítky rozmarýnu na ozdobu

INSTRUKCE:
a) Předehřejte troubu na 350 °F (175 °C).
b) Kolečko sýra Brie položte na plech vyložený pečicím papírem.
c) Sýr Brie pokapeme javorovým krémem nebo javorovým sirupem.
d) Pečte v předehřáté troubě asi 10-12 minut, nebo dokud sýr není měkký a mazlavý.
e) Vyjměte z trouby a nechte mírně vychladnout.
f) Na servírovací prkénko nebo podnos rozmístěte kolem upečeného Brie nakrájená jablka.
g) Přidejte různé sušenky nebo chléb, aby si hosté pochutnali se sýrem a jablky.
h) Rozsypte ořechy po desce pro větší křupavost a chuť.
i) Ozdobte snítkami čerstvého rozmarýnu pro větší svěžest a vizuální přitažlivost.
j) Podávejte a užívejte si!

24. Italská dezertní deska

SLOŽENÍ:
- Cannoli mušle
- Tiramisu poháry
- Panna cotta s bobulovým kompotem
- Sušenky Amaretti
- Zrnka espressa v čokoládě
- Čerstvé bobule

INSTRUKCE:
a) Na desku naaranžujte skořápky cannoli a šálky tiramisu.
b) Panna cottu pokládáme na jednotlivé porce a poklademe bobulovým kompotem.
c) Rozsypte sušenky amaretti a espresso v čokoládě.
d) Ozdobte čerstvým ovocem.

25. Francouzská dezertní deska

SLOŽENÍ:
- Éclairs
- Macarons (různé příchutě)
- Krém Brulee
- Madeleines
- Ovocné koláčky
- Čokoládové lanýže

INSTRUKCE:
a) Uspořádejte na tabuli éclairs a macarons.
b) Umístěte jednotlivé porce crème brûlée.
c) Rozhazujte madeleines, ovocné koláče a čokoládové lanýže.
d) Přidejte jedlé květiny pro dekorativní dotek.

26. Americká dezertní deska

SLOŽENÍ:
- Plátky jablečného koláče
- Tvarohové čtverce
- Pekanové koláčové tyčinky
- Brownie kousnutí
- Různé bonbóny
- Karamelový popcorn

INSTRUKCE:
a) Uspořádejte plátky jablečného koláče a čtverečky tvarohového koláče.
b) Na desku položte tyčinky pekanového koláče a sušenky.
c) Rozházejte různé bonbóny a karamelový popcorn.
d) Dezerty pokapejte karamelovou omáčkou.

27.Japonská dezertní deska

SLOŽENÍ:
- Mochi zmrzlina (různé příchutě)
- Matcha cheesecake kousnutí
- Taiyaki (pečivo ve tvaru ryby se sladkou náplní)
- Yokan (sladké želé z červených fazolí)
- Dorayaki (sladké palačinky s náplní z červených fazolí)
- Čerstvé liči

INSTRUKCE:
a) Uspořádejte mochi zmrzlinu a matcha cheesecake.
b) Umístěte taiyaki a yokan na desku.
c) Rozptýlit dorayaki a čerstvé liči.
d) Ozdobte lístky máty pro nádech barvy.

28. Mexická dezertní deska

SLOŽENÍ:
- Churros s čokoládovou polevou
- Tres leches dort čtverce
- Mexické svatební cukroví
- Mango s chilli práškem
- Dulce de leche flan
- Sopapilly poprášené skořicovým cukrem

INSTRUKCE:
a) Položte churros s čokoládovou polevou.
b) Umístěte na hrací plochu čtverce koláče tres leches.
c) Rozházejte mexické svatební cukroví a plátky manga.
d) Přidejte dulce de leche flan a sopapilly poprášené skořicovým cukrem.

29. Indická dezertní deska

SLOŽENÍ:
- Gulab jamun
- Rasgulla
- Jalebi
- Kheer poháry
- Kokosové ladoo
- Pistáciové a mandlové burfi

INSTRUKCE:
a) Uspořádejte na desku gulab jamun a rasgulla.
b) Umístěte jalebi do vizuálně přitažlivého vzoru.
c) Přidejte jednotlivé porce šálků kheer.
d) Scatter kokosové ladoo a pistáciově-mandlové burfi.

30. Řecká dezertní deska

SLOŽENÍ:
- Baklava kouše
- Loukoumades (řecké koblihy)
- Jogurt s medem a vlašskými ořechy
- Galaktoboureko (pudinkové těsto plněné phyllo)
- Fíkové a medové pečivo
- Meruňky a sýr feta

INSTRUKCE:
a) Uspořádejte na desce baklava bites a loukoumades.
b) Do malých misek dejte jogurt s medem a vlašskými ořechy.
c) Přidejte plátky galaktoboureko a fíkové a medové pečivo.
d) Nasypte čerstvé meruňky a kousky sýra feta.

31. Brazilská dezertní deska

SLOŽENÍ:
- Brigadeiros (čokoládové lanýže)
- Beijinhos (kokosové lanýže)
- Quindim (pudink z kokosu a žloutku)
- Cocada (dezert z kokosu a kondenzovaného mléka)
- Pão de mel (medový chléb)
- Mučenkové kelímky na pěnu

INSTRUKCE:
a) Uspořádejte brigadeiros a beijinhos na desce.
b) Umístěte quindim a kokádu na malé porce.
c) Přidejte plátky pão de mel.
d) Rozhazujte kelímky na marakuji.

32. Marocká dezertní deska

SLOŽENÍ:
- Baklavské doutníky
- Sušenky Maamoul (plněné datlí a ořechy)
- Nugát s vůní růžové vody
- Ovocný salát s mátovým čajem
- Sezamové a medové sušenky
- Pečivo z mandlí a pomerančových květů

INSTRUKCE:
a) Uspořádejte na tabuli baklavské doutníky a sušenky ma'amoul.
b) Přidejte na malé kousky nugát s vůní růžové vody.
c) Vytvořte si osvěžující ovocný salát s mátovým čajem.
d) Zahrňte sezamové a medové sušenky a pečivo z mandlových květů.

33. Thajská dezertní deska

SLOŽENÍ:
- Mango lepkavá rýže
- Kokosové mléko a pandanové želé
- Thajské kokosové kuličky (kanom tom)
- Taro a kokosový pudinkový pohár
- Thajský ledový čaj panna cotta
- Smažené banánové lívance

INSTRUKCE:
a) Uspořádejte lepkavou rýži z manga, kokosové mléko a pandanové želé.
b) Přidejte thajské kokosové kuličky a kelímky s taro-kokosovým pudinkem.
c) Vytvořte jednotlivé porce thajského ledového čaje panna cotta.
d) Na desku rozházejte smažené banánové lívanečky.

34.Španělská dezertní deska

SLOŽENÍ:
- Churro bity s karamelovou omáčkou
- Španělský flakon
- Turrón (mandlový nugát)
- Crema Catalana
- Polvorones (mandlové pečivo)
- Plátky pomerančového a mandlového koláče

INSTRUKCE:
a) Podávejte churro sousta s karamelovou omáčkou.
b) Na desku položte španělský flan a plátky turrónu.
c) V jednotlivých porcích přidávejte Crema Catalana.
d) Zahrňte polvorones a plátky pomerančovo-mandlového koláče.

35.Vietnamská dezertní deska

SLOŽENÍ:
- Vietnamské kokosové a pandanové želé
- Che Ba Mau (tříbarevný dezert)
- Banh Cam (sezamové kuličky)
- Xoi La Cam (lepkavá rýže z fazolí mungo)
- Flander s příchutí vietnamské kávy
- Jarní závitky Jackfruit a liči

INSTRUKCE:
a) Na desku naaranžujte vietnamský kokos a pandanové želé.
b) Zahrňte porce Che Ba Mau a Banh Cam.
c) Přidejte Xoi La Cam po malých porcích.
d) Vytvořte jednotlivé porce flan s příchutí vietnamské kávy.
e) Rozházejte jarní závitky z jackfruitu a liči.

36. Turecká dezertní deska

SLOŽENÍ:
- Turecký med (různé příchutě)
- Kunefe (strouhané phyllo se sladkou sýrovou náplní)
- Revani (krupicový koláč)
- Sütlaç (rýžový nákyp)
- Baklavská náměstí
- Pistáciové sušenky

INSTRUKCE:
a) Aranžujte turecký med v různých příchutích.
b) Umístěte kunefe a revani na hrací plochu.
c) Přidejte jednotlivé porce sütlaç.
d) Rozsypte čtverečky baklavy a pistáciové sušenky.

37. Argentinská dezertní deska

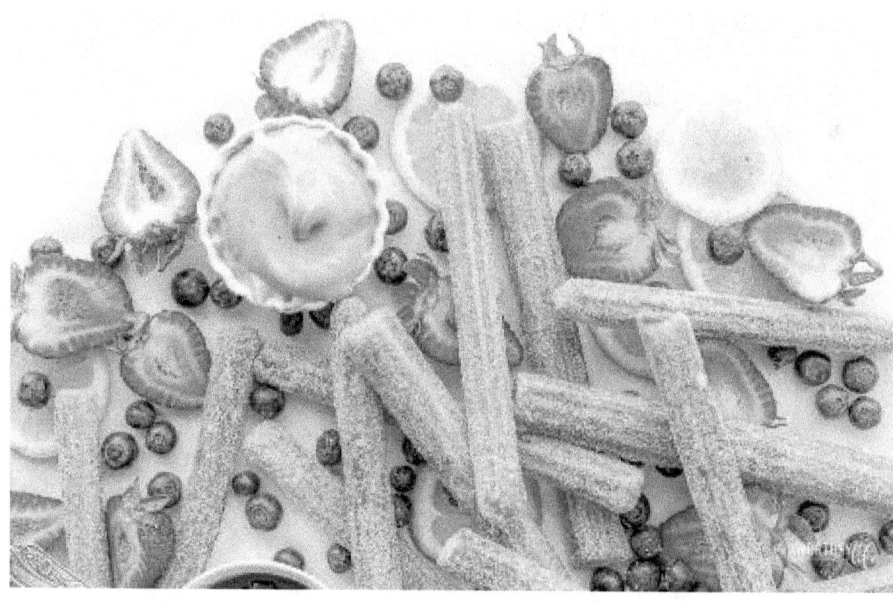

SLOŽENÍ:
- Alfajores (sušenky plněné dulce de leche)
- Plátky dortu Tres Leches
- Chocotorta (čokoládový a sušenkový dort)
- Churros plněné Dulce de leche
- Kdoule pasta se sýrem
- Argentinské citronové sušenky (alfajor de limón)

INSTRUKCE:
a) Uspořádejte plátky dortu alfajores a tres leches.
b) Na desku položte plátky chocotorty.
c) Přidejte churros plněné dulce de leche.
d) Přidejte kdoulovou pastu se sýrem a argentinské citronové sušenky.

38. Korejská dezertní deska

SLOŽENÍ:
- Bingsu (oholený ledový dezert)
- Hotteok (sladké palačinky s náplní z hnědého cukru)
- Injeolmi (rýžový koláč obalený fazolovou moukou)
- Yakgwa (medové sušenky)
- Patbingsu (led z červených fazolí)
- Korejské špízy na rýžový koláč

INSTRUKCE:
a) Uspořádejte bingsu a hotteok na hrací ploše.
b) Umístěte injeolmi a yakgwa v malých porcích.
c) Přidejte porce patbingsu.
d) Pro zpestření přidejte korejské špízy na rýžový koláč.

39. Australská dezertní deska

SLOŽENÍ:
- Lamingtons (piškotový dort potažený kokosem)
- Pavlova hnízdí s čerstvým ovocem
- Anzac sušenky (ovesné a kokosové sušenky)
- Čokoládové sušenky Tim Tam
- Fondán z wattleseed a makadamových ořechů
- Mučenkové tartaletky

INSTRUKCE:
a) Uspořádejte na desku lamingtonky a pavlova hnízda.
b) Scatter Anzac sušenky a Tim Tam čokoládové sušenky.
c) Přidejte kousky wattleseed a fondán z makadamových ořechů.
d) Přidejte marakujové tartaletky pro osvěžující dotek.

40.Libanonská dezertní deska

SLOŽENÍ:
- Warbat plněný ashtou (fylo pečivo)
- Maamoul (datlové a ořechové sušenky)
- Rýžový nákyp s vodou z pomerančových květů
- Libanonské sezamové cukroví (nugát se sezamovými semínky)
- Atayef (plněné palačinky)
- Mafroukeh (krupicový a ořechový dezert)

INSTRUKCE:
a) Uspořádejte na hrací plochu warbat a ma'amoul naplněný ashtou.
b) Podávejte rýžový nákyp v malých šálcích s nádechem vody z pomerančových květů.
c) Rozsypte libanonské sezamové cukroví a atayef.
d) Pro zpestření zařaďte kousky mafroukeh.

41. Švédská dezertní deska

SLOŽENÍ:
- Švédské skořicové buchty (kanelbullar)
- Řezy princeznovského dortu (prinsesstårta)
- Brusinkové tartaletky
- Marcipánem plněné čokolády
- Žitný knäckebrot s máslem a sýrem
- Borůvková polévka (blåbärssoppa)

INSTRUKCE:
a) Naaranžujte švédské skořicové buchty a plátky princeznovského dortu.
b) Přidejte brusinkové tartaletky a marcipánem plněné čokolády.
c) Žitný knäckebrot podávejte s máslem a sýrem.
d) Přidejte malé šálky borůvkové polévky.

42. Nigerijská dezertní deska

SLOŽENÍ:
- Chin-Chin (smažené těsto)
- Puff Puff (smažené kuličky z těsta)
- Nigerijské kokosové cukroví
- Boli (grilované banány)
- Moi Moi (dušený fazolový pudink)
- Akara (smažené fazolové koláče)

INSTRUKCE:
a) Uspořádejte bradu-bradu a potahujte na desce.
b) Přidejte kousky nigerijského kokosového bonbónu.
c) Boli a moi moi podávejte v malých porcích.
d) Zahrňte akara jako pikantní prvek.

43. Švýcarská deska na dezerty

SLOŽENÍ:
- Švýcarské čokoládové fondue s namáčecími přísadami (ovoce, marshmallows, preclíky)
- Nusstorte (koláč plněný ořechy)
- Basler Läckerli (kořeněné medové sušenky)
- Švýcarské sušenky
- Bircher müsli poháry
- Zürcher Eintopf (horká čokoláda v Curychu)

INSTRUKCE:
a) Uspořádejte nádobu na čokoládové fondue s různými namáčecími nádobami.
b) Položte plátky nusstorte a Basler Läckerli.
c) Přidejte švýcarské pusinky a jednotlivé porce bircher müsli.
d) Přidejte malé šálky Zürcher Eintopf na popíjení.

44. Jihoafrická dezertní deska

SLOŽENÍ:
- Malva pudink
- Koeksisters (pečivo ze smaženého těsta)
- Melktert (mléčný koláč)
- Čokoládová pěna Amarula
- Pošírované hrušky s Rooibosem
- Hertzoggie cookies

INSTRUKCE:
a) Uspořádejte malva pudink a koeksisters na desce.
b) Položte plátky melktert a jednotlivé porce čokoládové pěny Amarula.
c) Přidejte pošírované hrušky s rooibosem pro jedinečný dotek.
d) Přidejte sušenky Hertzoggie pro příchuť kokosu a džemu.

45. Malajská dezertní deska

SLOŽENÍ:
- Kuih Lapis (vrstvený dušený koláč)
- Ondeh-Ondeh (lepkavé rýžové kuličky s palmovým cukrem)
- Pulut Tai Tai (modrý lepkavý rýžový koláč)
- Cendol (ledová drť s palmovým cukrem a kokosovým mlékem)
- Kaya Toast s napůl vařenými vejci
- Durian Mochi

INSTRUKCE:
a) Uspořádejte na hrací ploše kuih lapis a ondeh-ondeh.
b) Položte plátky pulut tai tai a podávejte cendol v malých miskách.
c) Přidejte kaya toast s napůl vařenými vejci pro pikantní prvek.
d) Zahrňte durian mochi pro jedinečnou chuť malajského ovoce.

46. Izraelská dezertní deska

SLOŽENÍ:
- Rugelach (rolované těsto s náplní)
- Plátky chalvy (sladké na bázi sezamu)
- Sufganiyot (koblihy plněné želé)
- Malabi (pudink z růžové vody)
- Čokoládové plátky Babka
- Izraelský ovocný salát

INSTRUKCE:
a) Na desku naaranžujte plátky rugelachu a halvy.
b) Umístěte sufganiyot a malabi v malých porcích.
c) Přidejte čokoládové plátky babky pro bohatou čokoládovou chuť.
d) Podávejte izraelský ovocný salát pro osvěžení.

SEZÓNNÍ DEZERTNÍ PLÁŠTĚ

47. Jarní dezertní deska

SLOŽENÍ:
- Strawberry Shortcake kousnutí
- Citronově borůvkové tartaletky
- Pistáciové a medové jogurtové parfaity
- Jedlé květinové košíčky
- Mini Pavlova hnízda s čerstvým ovocem
- Rebarborový sorbet

INSTRUKCE:
a) Uspořádejte jahodový koláč a citronově borůvkové tartaletky.
b) Do malých skleniček dejte parfait z pistácií a medu a jogurtu.
c) Ozdobte mini pavlova hnízda s čerstvým ovocem.
d) Přidejte košíčky zdobené jedlými okvětními lístky.
e) Rebarborový sorbet podávejte v jednotlivých miskách.

48. Letní dezertní deska

SLOŽENÍ:
- Vodní meloun a feta špízy
- Mango kokosový rýžový pudink poháry
- Grilovaný ananas s medovou limetkou
- Smíšené Berry Cheesecake Bites
- Sorbet z tropického ovoce
- Limetkové koláčové tyčinky

INSTRUKCE:
a) Na desku naaranžujte špízy s melounem a feta.
b) Umístěte mango kokosové rýžové nákypy a grilovaný ananas.
c) Rozházejte kousnutí tvarohového koláče se smíšeným ovocem.
d) Přidejte kopečky sorbetu z tropického ovoce.
e) Přidejte plátky klíčových limetkových koláčových tyčinek.

49. Podzimní Dezertní deska

SLOŽENÍ:
- Jablečné koblihy
- Tyčinky na tvarohové koláče s dýňovým kořením
- Karamelové plátky jablka
- Pecan Pie Bites
- Javorové ořechové koláčky
- Brusinkový pomerančový mandlový dort řezy

INSTRUKCE:
a) Uspořádejte koblihy z jablečného moštu a tvarohové tyčinky s dýňovým kořením.
b) Položte plátky karamelového jablka a sousta pekanového koláče.
c) Rozházejte javorové pekanové tartaletky.
d) Přidejte plátky brusinkového pomerančového mandlového koláče.

50. Zimní dezertní deska

SLOŽENÍ:
- Máta peprná Brownie Bites
- Vaječný likér Panna Cotta se skořicí
- Perníčky
- Klementinky máčené v čokoládě
- Lanýže s bílou čokoládou a malinou
- Kořeněná horká čokoláda s marshmallows

INSTRUKCE:
a) Uspořádejte mátové sušenky a vaječný koňak panna cotta.
b) Položte perníčky a klementinky máčené v čokoládě.
c) Rozházejte bílé čokoládové malinové lanýže.
d) Podávejte kořeněnou horkou čokoládu v hrncích s marshmallows.

51.Dezert na začátku léta Bobule blaženost

SLOŽENÍ:
- Špízy na jahodový koláč
- Borůvkové citronové tyčinky
- Malinové mandlové tartaletky
- Ostružinový sorbet
- Citronové makové muffiny
- Smíšené Berry Parfaits

INSTRUKCE:
a) Naaranžujte špízy na jahodový koláč a borůvkové citronové tyčinky.
b) Položte malinové mandlové tartaletky a ostružinový sorbet.
c) Posypte muffiny s citronem a mákem.
d) Smíšené bobulové parfaity podávejte v jednotlivých sklenicích.

52. Dezertní deska pozdního léta s peckovým ovocem

SLOŽENÍ:
- Broskvové tyčinky
- Plátky švestky a mandle Galette
- Sorbet z nektarinky a bazalky
- Meruňková a pistáciová energetická kousnutí
- Grilované broskve s medem
- Třešňový tvarohový dip

INSTRUKCE:
a) Naaranžujte broskvové ševcovské tyčinky a švestkovo-mandlové plátky galette.
b) Umístěte nektarinkový a bazalkový sorbet a meruňkovo-pistáciová energetická sousta.
c) Grilované broskve posypte medem.
d) Třešňový cheesecake dip podávejte v misce.

53. Útulná deska na dezerty na podzimní sklizeň

SLOŽENÍ:
- Jablečné křupavé tyčinky
- Pumpkin Whoopie Pies
- Skořice cukr javor pražené ořechy
- Cranberry Orange Chleba Plátky
- Maple Pecan Acorn Cookies
- Butterscotch Pudding Cups

INSTRUKCE:
a) Uspořádejte jablečné křupavé tyčinky a dýňové koláče.
b) Položte skořicový cukr javorové pražené ořechy a plátky brusinkového pomerančového chleba.
c) Rozházejte javorové pekanové žaludové sušenky.
d) Podávejte máslový pudink v malých miskách.

54.Dezertní deska Zimní říše divů

SLOŽENÍ:
- Brownie Bites z máty peprné
- Pudinkové koláče s vaječným likérem
- Cukrované brusinky
- Preclíkové tyčinky máčené v čokoládě
- Kořeněná pomerančová Panna Cotta
- Sněhové koule cookies

INSTRUKCE:
a) Uspořádejte sušenky z mátové kůry a dorty s vaječným likérem.
b) Položte pocukrované brusinky a tyčinky preclíku máčené v čokoládě.
c) Posypte kořeněnou pomerančovou panna cottu.
d) Sněhové sušenky podávejte v ozdobné úpravě.

TEMATICKÉ DEZERTNÍ DESKY

55.Filmovat Noční uzeniny Deska

SLOŽENÍ:

- Popcorn (jako máslem, karamelem nebo sýrem)
- Různá koření na popcorn (jako je ranč, barbecue nebo skořicový cukr)
- Čokoládové bonbóny nebo popcorn v čokoládě
- Různé ořechy (jako jsou arašídy, mandle nebo kešu ořechy)
- Preclíky nebo mini preclíkové tyčinky
- Sušené ovoce (jako jsou brusinky nebo rozinky)
- Různé občerstvení v kině (jako jsou bonbóny, lékořice nebo gumoví medvídci)

INSTRUKCE:

a) Uspořádejte různé příchutě popcornu do samostatných misek na velké servírovací desce nebo na talíři.
b) Umístěte různé koření na popcorn vedle misek na popcorn.
c) Pro sladkou pochoutku přidejte na tabuli čokoládové bonbóny nebo popcorn v čokoládě.
d) Rozmístěte po desce různé ořechy, preclíky a sušené ovoce pro větší křupavost a chuť.
e) Zahrňte různé občerstvení v kině, jako jsou bonbóny, lékořice nebo gumoví medvídci, pro zábavu a nostalgii.
f) Podávejte a užívejte si!

56.Popcorn Filmová nocUzenina Deska

SLOŽENÍ:
- Různé příchutě popcornu (jako máslo, karamel nebo sýr)
- Různá koření na popcorn (jako je ranč, barbecue nebo skořicový cukr)
- Čokoládové bonbóny nebo popcorn v čokoládě
- Různé ořechy (jako jsou arašídy, mandle nebo kešu ořechy)
- Preclíky nebo mini preclíkové tyčinky
- Sušené ovoce (jako jsou brusinky nebo rozinky)
- Různé občerstvení v kině (jako jsou bonbóny, lékořice nebo gumoví medvídci)

INSTRUKCE:
a) Uspořádejte různé příchutě popcornu do samostatných misek na velké servírovací desce nebo na talíři.
b) Umístěte různé koření na popcorn vedle misek na popcorn.
c) Pro sladkou pochoutku přidejte na tabuli čokoládové bonbóny nebo popcorn v čokoládě.
d) Rozmístěte po desce různé ořechy, preclíky a sušené ovoce pro větší křupavost a chuť.
e) Zahrňte různé občerstvení v kině, jako jsou bonbóny, lékořice nebo gumoví medvídci, pro zábavu a nostalgii.
f) Podávejte a užívejte si!

57.Taco Noc Charcuterie Deska

SLOŽENÍ:
- Různé taco náplně (jako je kořeněné mleté hovězí maso, drcené kuřecí maso nebo grilovaná zelenina)
- Tortilly (jako jsou moučné tortilly nebo kukuřičné tortilly)
- Různé polevy (jako je drcený salát, nakrájená rajčata, nakrájená cibule nebo nasekaný koriandr)
- Nakrájené jalapeños nebo nakládané jalapeños
- Guacamole nebo nakrájené avokádo
- Salsa nebo pálivá omáčka
- Zakysaná smetana nebo řecký jogurt

INSTRUKCE:
a) Taco náplně uvařte podle svých preferencí (ochucené mleté hovězí maso, drcené kuřecí maso nebo grilovaná zelenina).
b) Umístěte vařené taco náplně do samostatných misek na velkou servírovací desku nebo talíř.
c) Kolem náplní naaranžujte tortilly a různé polevy, jako je strouhaný salát, nakrájená rajčata, nakrájená cibule nebo nasekaný koriandr.
d) Na tabuli přidejte nakrájené jalapeños nebo nakládané jalapeños, guacamole nebo nakrájené avokádo, salsu nebo horkou omáčku a zakysanou smetanu nebo řecký jogurt.
e) Nechte hosty sestavit si vlastní tacos plněním tortilly požadovanými náplněmi a polevou.
f) Podávejte a užívejte si!

58.Dezertní deska na zahradní párty

SLOŽENÍ:
- Květinové košíčky
- Tartaletky z bobulí a mascarpone
- Jedlé květinové sušenky
- Citronová levandule Madeleines
- Ovocné špízy s medovo-jogurtovým dipem
- Makronky z okvětních lístků růže
- Sorbet z malinové růže

INSTRUKCE:
a) Naaranžujte květinové košíčky a tartaletky s jahodovým mascarpone.
b) Položte jedlé křehké sušenky z květin a levandulové madeleines z citronu.
c) Ovocné špízy posypte medovo-jogurtovým dipem.
d) Přidejte macarons z okvětních lístků růží a podávejte sorbet z malinových růží v jednotlivých šálcích.

59. Dezert na plážové párty

SLOŽENÍ:
- Košíčky z hradu z písku
- Beach Ball Cake Pops
- Mořské mušle čokoládové lanýže
- Tropické ovocné špízy
- Modré havajské poháry Jello
- Kokosové makronky
- Ananasový sorbet

INSTRUKCE:
a) Uspořádejte dortíky z hradů z písku a koláčky z plážových míčů.
b) Umístěte čokoládové lanýže z mořských mušlí a špízy z tropického ovoce.
c) Hawaiian jello košíčky v modré barvě.
d) Přidejte kokosové makronky a podávejte ananasový sorbet v jednotlivých šálcích.

60.Dezert pro milovníky knih

SLOŽENÍ:
- Open Book Brownies
- Soubory cookie s literárními citáty
- Knihomol Gummy Bonbony
- Čajové koláčky
- Knihovní karta Mini Tartlets
- Román Cover Cake Pops
- Záložky Matcha

INSTRUKCE:
a) Uspořádejte koláčky s otevřenou knihou a sušenky s literárními citáty.
b) Umístěte knihomolské gumové bonbóny a čajové košíčky.
c) Mini tartaletky s rozptylovými kartami do knihovny.
d) Přidejte neotřelé obaly dortů a podávejte vedle nich záložky matcha.

61.Hra Noc Dessert Deska

SLOŽENÍ:
- Cookies šachové figurky
- Kostkový dort Pops
- Scrabble Letter Brownies
- Pokerové žetony Candy
- Herní ovladač Chocolate Lollipops
- Twister cupcakes
- Candyland Rainbow Marshmallow pamlsky

INSTRUKCE:
a) Uspořádejte sušenky se šachovými figurkami a kostky dortů.
b) Umístěte scrabble dopisní sušenky a pokerové žetony.
c) Scatter herní ovladač čokoládová lízátka.
d) Včetně twisterových košíčků a duhových bonbónů marshmallow.

62. Dezertní deska na maškarní ples

SLOŽENÍ:
- Sušenky s maškarní maskou
- Jahody máčené v čokoládě se zlatým prachem
- Plátky dortu z benátské opery
- Elegantní makronky
- Zlaté a černé Petit Fours
- Šampaňský sorbet s ovocem
- Červené sametové lanýže

INSTRUKCE:
a) Uspořádejte sušenky s maškarní maskou a jahody máčené v čokoládě.
b) Umístěte plátky dortu z benátské opery a elegantní macarons.
c) Scatter zlaté a černé petit fours.
d) Zahrňte šampaňský sorbet s ovocem a červenými sametovými lanýži.

63.Dezertní deska pro průzkum vesmíru

SLOŽENÍ:
- Galaxy Cupcakes
- Planet Cake Pops
- Mimozemské cukrové sušenky
- Meteoritní čokoládové lanýže
- Kosmické koblihy
- Astronautské zmrzlinové sendviče
- Ovocné špízy ve tvaru hvězdy

INSTRUKCE:
a) Uspořádejte galaxy cupcakes a planet cake pops.
b) Umístěte mimozemské cukrovinky a meteoritové čokoládové lanýže.
c) Rozházejte vesmírné koblihy.
d) Zahrňte astronautské zmrzlinové sendviče a ovocné špízy ve tvaru hvězdy.

64.Karnevalová zábavná dezertní deska

SLOŽENÍ:
- Košíčky z cukrové vaty
- Karamelové plátky jablka
- Trychtýřový dort kousnutí
- Popcorn Marshmallow pamlsky
- Preclíkové tyče potažené sladkostí
- Mini měkké zmrzlinové kornouty
- Limonádový sorbet

INSTRUKCE:
a) Naaranžujte košíčky z cukrové vaty a plátky karamelového jablka.
b) Místo trychtýř dort sousta a popcorn marshmallow zachází.
c) Tyčinky na preclíky potažené bonbóny.
d) Zahrňte mini kornouty měkké zmrzliny a podávejte limonádový sorbet v jednotlivých šálcích.

65.Dezert pro tropické luau

SLOŽENÍ:
- Ananasový kokosový dort čtverce
- Macarons s mangem a mučenkou
- Košíčky Pina Colada
- Tropický ovocný salát špízy
- Cukrové sušenky Hula Girl
- Lanýže z kokosového rumu
- Sorbet z liči

INSTRUKCE:
a) Naaranžujte čtverečky ananasového kokosového dortu a macaronky z mangovníku.
b) Umístěte košíčky pina colada a špízy na salát z tropického ovoce.
c) Scatter hula girl cukroví.
d) Přidejte lanýže z kokosového rumu a podávejte liči sorbet v jednotlivých šálcích.

66.Dezertní deska Fantazie o jednorožci

SLOŽENÍ:
- Duhové koláčky s jednorožcem
- Unicorn Cake Pops
- Kouzelná hůlka cukroví
- Pusinky s rohem jednorožce
- Barevná cukrová vata
- Pastelové makronky
- Čokoládová kůra jednorožce

INSTRUKCE:
a) Uspořádejte duhové jednorožčí košíčky a jednorožčí koláčky.
b) Umístěte cukrové sušenky s kouzelnou hůlkou a pusinky z rohů jednorožce.
c) Rozházejte barevnou cukrovou vatu.
d) Zahrňte pastelové macarons a čokoládovou kůru z jednorožce.

67.Hudební festival Vibrace Dessert Deska

SLOŽENÍ:
- Cookies pro elektrickou kytaru
- Festivalové květinové košíčky
- Disco Ball Cake Pops
- Rockstar Candy Mix
- Tie-Dye Donuts
- Noty Preclíky v čokoládě
- Rainbow Sherbet Push Pops

INSTRUKCE:
a) Uspořádejte sušenky na elektrickou kytaru a festivalové květinové košíčky.
b) Místo disco ball cake pops a rockstar candy mix.
c) Rozsypte koblihy s kravatou.
d) Zahrňte hudební noty preclíky s čokoládovou polevou a podávejte duhové šerbetové tlačenky.

68. Dezertní deska Zimní říše divů

SLOŽENÍ:
- Sněhové vločky cukrové sušenky
- Mátové koláčky s horkou čokoládou
- Kůra z bílé čokolády
- Třpytivé poháry Winterberry Jello
- Perníkové lanýže
- Zimní říše divů Cake Pops
- Bílá čokoláda Malinový Cheesecake Bites

INSTRUKCE:
a) Uspořádejte cukroví sněhové vločky a mátové košíčky s horkou čokoládou.
b) Umístěte kelímky s brusinkovou kůrou z bílé čokolády a šumivým želé.
c) Rozházejte perníkové lanýže.
d) Zahrňte zimní dort z říše divů a malinový tvarohový koláč z bílé čokolády.

69.Retro 80s Retrospektiva Dessert Deska

SLOŽENÍ:
- Košíčky v neonové barvě
- Sušenky Rubikova kostka
- Pac-Man Cake Pops
- Boombox Rice Krispie Treats
- Jellybean Rainbow
- Čokoládové tyčinky s kazetou
- Candy Fudge s obsahem pop rocku

INSTRUKCE:
a) Uspořádejte neonově zbarvené košíčky a sušenky Rubikovy kostky.
b) Dejte Pac-Man cake pops a boombox rýžové krispie.
c) Rozptýlit rosolovou duhu.
d) Zahrňte čokoládové tyčinky s magnetofonovou páskou a cukrovinkový fondán napuštěný pop rocky.

70. Letní táborák S'mores Dessert Deska

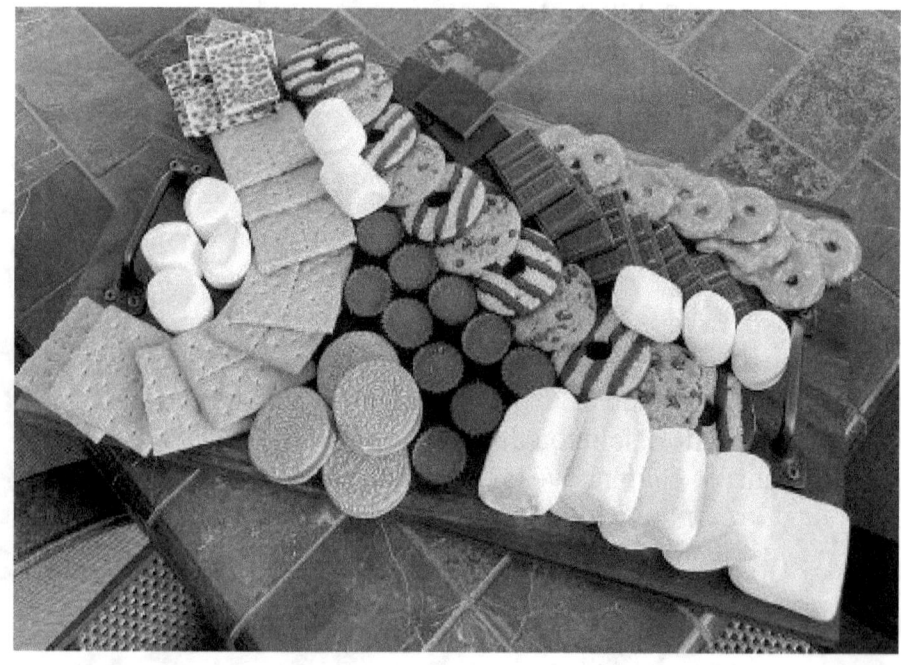

SLOŽENÍ:
- Bary S'mores
- Cupcakes s táborákem
- Tyčinka na preclík máčený v čokoládě "Logs"
- Marshmallow Pops
- Trail Mix Clusters
- Graham Cracker Fudge Bites
- S'mores Dip z pečených jahod

INSTRUKCE:
a) Uspořádejte bary s'mores a koláčky u táboráku.
b) Umístěte v čokoládě „polínka" z preclíkových tyčinek a marshmallow pops.
c) Shluky směsi rozptylových stezek.
d) Zahrňte grahamové sušenky a podávejte dip z pečených jahod s'mores.

71. Dezert Detektivní záhada Dessert Deska

SLOŽENÍ:
- Sušenky s lupou
- Detektivní kloboukové košíčky
- Mystery Key Lime Pie tyčinky
- Čokoládová dýmka Sherlocka Holmese
- Jahody v čokoládě z místa činu
- Whodunit Red Velvet Cake Balls
- Záhadná mapa perníkové sušenky

INSTRUKCE:
a) Uspořádejte sušenky s lupou a košíčky s detektivním kloboukem.
b) Umístěte záhadné tyčinky s limetkovým koláčem a čokoládové dýmky Sherlocka Holmese.
c) Rozházejte jahody v čokoládě na místě činu.
d) Včetně dortových koulí z červeného sametu a perníčků s tajemnou mapou.

72.Jarní zahrada Čajový dýchánekDessert Deska

SLOŽENÍ:
- Květinové čajové košíčky
- Motýlí cukroví
- Citronový bezový dort řezy
- Pastelové makronky
- Ovocný salát z bobulí a máty
- Jedlá květina Panna Cotta
- Levandulové sušenky

INSTRUKCE:
a) Uspořádejte květinové čajové košíčky a motýlkové cukroví.
b) Položte plátky citronového bezového dortu a pastelové makronky.
c) Nasypte salát z bobulí a máty.
d) Zahrňte jedlé květinové panna cotta a křehké sušenky z levandule.

ČOKOLÁDOVÉ DEZERTNÍ DESKY

73. Čokoládová deska na uzeniny

SLOŽENÍ:
- Různé čokolády (jako je hořká čokoláda, mléčná čokoláda nebo bílá čokoláda)
- Ovoce v čokoládě (jako jsou jahody, plátky banánu nebo sušené meruňky)
- Čokoládové lanýže nebo bonbóny
- Různé ořechy (jako jsou mandle, lískové ořechy nebo pistácie)
- Preclíky nebo biscotti
- Čerstvé ovoce (jako jsou hrozny nebo maliny)
- Karamelová nebo čokoládová omáčka na pokapání

INSTRUKCE:
a) Rozložte různé čokolády na velkou servírovací desku nebo talíř.
b) Ovoce v čokoládě položte vedle čokolády.
c) Přidejte na tabuli čokoládové lanýže nebo bonbóny pro luxusní pochoutku.
d) Rozházejte po desce různé ořechy pro dodatečnou texturu a chuť.
e) Poskytněte hostům preclíky nebo biscotti, aby si je mohli ponořit do čokolády nebo si je vychutnat sami.
f) Pro osvěžení přidejte čerstvé ovoce, jako jsou hrozny nebo maliny.
g) Čokolády a ovoce pokapejte karamelem nebo čokoládovou omáčkou.
h) Podávejte a užívejte si!

74.Země sladkostí 'Jarcuterie'

SLOŽENÍ:
- Různé bonbóny (jako jsou gumoví medvídci, lékořice, M&M's nebo želé)
- Preclíky v čokoládě nebo popcorn
- Mini marshmallows
- Různé sušenky nebo oplatkové tyčinky
- Sypání nebo jedlé třpytky
- Malé sklenice nebo nádoby na servírování

INSTRUKCE:
a) Naplňte každou malou skleničku nebo nádobu jiným druhem cukroví.
b) Umístěte naplněné sklenice nebo nádoby na velkou servírovací desku nebo talíř.
c) Pro sladko-slanou kombinaci přidejte na tabuli preclíky v čokoládě nebo popcorn.
d) Rozsypte mini marshmallow kolem sklenic pro větší texturu.
e) Poskytněte hostům různé sušenky nebo oplatkové tyčinky, které si mohou ponořit do bonbonů nebo si je vychutnat sami.
f) Posypte tabuli barevnými posypy nebo jedlými třpytkami pro slavnostní nádech.
g) Podávejte a užívejte si!

75.Fruicuterie Deska

SLOŽENÍ:
- Rozmanité čerstvé ovoce (např. hrozny, bobule, meloun, ananas atd.)
- Sušené ovoce (např. meruňky, datle, fíky atd.)
- Různé druhy ořechů (např. mandle, kešu, pistácie atd.)
- Medový nebo ovocný dip k podávání

INSTRUKCE:
a) Čerstvé ovoce omyjte a připravte, větší ovoce nakrájejte na kousky o velikosti sousta.
b) Rozložte čerstvé ovoce na velkou servírovací desku nebo talíř.
c) Na desku položte malé misky nebo ramekiny, do kterých se vejde sušené ovoce a ořechy.
d) Naplňte misky sušeným ovocem a ořechy a vytvořte samostatné shluky.
e) Čerstvé ovoce pokapejte medem nebo podávejte v malé misce.
f) Podávejte a užívejte si!

76. Dezertní deska s brusinkovými čokoládovými lanýži

SLOŽENÍ:
NA BRUSINOVÉ ČOKOLÁDOVÉ LAÝŽE:
- 8 uncí tmavé čokolády, nasekané
- 1/2 šálku sušených brusinek
- 1/4 šálku husté smetany
- Kakaový prášek nebo moučkový cukr na válení

NÁVOD:
NA BRUSINOVÉ ČOKOLÁDOVÉ LÝŽY:
a) Nasekanou hořkou čokoládu dejte do žáruvzdorné misky.
b) V hrnci zahřejte na středním plameni smetanu, dokud se nezačne vařit.
c) Horkou smetanu zalijeme nasekanou hořkou čokoládou a necháme minutu odležet.
d) Směs mícháme, dokud se čokoláda úplně nerozpustí a nebude hladká.
e) Do čokoládové směsi přidejte sušené brusinky a míchejte, dokud se dobře nespojí.
f) Mísu zakryjte a směs nechte v chladu alespoň 2 hodiny nebo dokud neztuhne.
g) Po vychladnutí naporcujte lanýžovou směs lžící nebo malou naběračkou.
h) Každou porci vyválejte do koule a poté obalte v kakau nebo moučkovém cukru.
i) Umístěte lanýže na plech vyložený pergamenem a chlaďte, dokud nejsou připraveny k podávání.

PRO DEZERTNÍ PÉČI:
j) Naskládejte brusinkové čokoládové lanýže na velkou servírovací desku nebo talíř.
k) Přidejte na tabuli další různé dezerty, jako jsou mini sušenky, ovoce v čokoládě nebo mini cupcakes.
l) Poskytněte hostům malé talíře nebo ubrousky, aby si mohli dezerty vychutnat.
m) Podávejte a užívejte si!

77. S'Mores Charcuterie Deska

SLOŽENÍ:
- Grahamové sušenky
- Marshmallows
- Čokoládové tyčinky (jako je mléčná čokoláda nebo hořká čokoláda)
- Různé pomazánky (jako je arašídové máslo nebo Nutella)
- Nakrájené jahody nebo banány (volitelné)
- Pražené ořechy (jako jsou mandle nebo arašídy)
- Různé sušenky (například sušenky nebo sušenky s čokoládou)
- Špízy nebo tyčinky na opékání marshmallows

INSTRUKCE:
a) Uspořádejte grahamové sušenky, marshmallows a čokoládové tyčinky na velkou servírovací desku nebo talíř.
b) Vedle sušenek, marshmallow a čokolády položte různé pomazánky, nakrájené jahody nebo banány a pražené ořechy.
c) Přidejte na desku různé sušenky pro další sladkost a texturu.
d) Poskytněte hostům špejle nebo tyčinky na opékání marshmallow.
e) Nechte hosty vytvořit si vlastní S'mores vrstvením pražených marshmallow, čokolády a pomazánek mezi grahamové sušenky.
f) Podávejte a užívejte si!

78. Deska na sýrové fondue

SLOŽENÍ:
NA SYROVÉ FONDUE:
- Různé sýry na fondue (jako Gruyère, Ementál nebo Fontina)
- Bílé víno nebo zeleninový vývar
- Česnek, mletý
- Kukuřičný škrob nebo mouka
- Různé naběračky (jako jsou kostky chleba, blanšírovaná zelenina nebo plátky jablek)

INSTRUKCE
NA SYROVÉ FONDUE:
a) Nastrouháme různé sýry a dáme stranou.
b) V hrnci na fondue nebo rendlíku zahřejte na středním plameni bílé víno nebo zeleninový vývar.
c) Přidejte nasekaný česnek a nechte minutu vařit.
d) Postupně přidávejte nastrouhané sýry za stálého míchání, dokud se nerozpustí a nezjemní.
e) V samostatné misce smíchejte kukuřičný škrob nebo mouku s trochou vody, abyste vytvořili kašičku.
f) Přidejte kaši do sýrové směsi a míchejte, dokud nezhoustne.
g) Sýrové fondue přendejte do nádoby na fondue nebo jej udržujte teplé na mírném ohni.
h) Podávejte s různými naběračkami.

PRO PÉČI NA SYROVÉ FONDUE:
i) Umístěte hrnec nebo rendlík na sýrové fondue doprostřed velké servírovací desky.
j) Kolem hrnce rozmístěte různé naběračky, jako jsou kostky chleba, blanšírovaná zelenina nebo plátky jablek.
k) Poskytněte hostům vidličky nebo špejle na fondue, aby si namáčeli naběračky do sýrového fondue.
l) Podávejte a užívejte si!

79. Mňam čokoláda Fondue uzeniny Deska

SLOŽENÍ:
NA ČOKOLÁDOVÝ FONDUE
- Různé čokolády na fondue (jako je mléčná čokoláda, hořká čokoláda nebo bílá čokoláda)
- Těžká smetana nebo mléko
- Různé naběračky (jako je ovoce, marshmallows, sušenky nebo preclíky)

INSTRUKCE:
NA ČOKOLÁDOVÝ FONDUE:
a) Nakrájejte různé čokolády na malé kousky a dejte stranou.
b) V hrnci zahřejte na středním plameni smetanu nebo mléko, dokud se nezačne vařit.
c) Hrnec odstavíme z plotny a přidáme nakrájenou čokoládu.
d) Směs mícháme, dokud se čokoláda úplně nerozpustí a nebude hladká.
e) Čokoládové fondue přendejte do nádoby na fondue nebo je udržujte teplé na mírném ohni.
f) Podávejte s různými naběračkami.

PRO PRACOVIŠTĚ CHARCUTERIE:
g) Umístěte hrnec nebo rendlík na čokoládové fondue do středu velké servírovací desky nebo talíře.
h) Kolem hrnce rozmístěte různé naběračky, jako je ovoce, marshmallow, sušenky nebo preclíky.
i) Poskytněte hostům špejle nebo vidličky, aby si namáčeli naběračky do čokoládového fondue.
j) Podávejte a užívejte si!

80. Dekadentní deska pro milovníky čokolády

SLOŽENÍ:
- Tmavé čokoládové lanýže
- Jahody v čokoládě
- Trojité čokoládové brownies
- Preclíkové tyčinky máčené v čokoládě
- Mini čokoládové tvarohové koláče
- Čokoládové sušenky plněné nutellou
- Poháry s bílou čokoládou a malinou

INSTRUKCE:
a) Naaranžujte lanýže z hořké čokolády a jahody v čokoládě.
b) Položte trojité čokoládové sušenky a preclíkové tyčinky máčené v čokoládě.
c) Scatter mini čokoládové tvarohové koláče.
d) Přidejte čokoládové sušenky plněné Nutellou a malinové poháry z bílé čokolády.

81. Klasická deska na oblíbené čokoládové dezerty

SLOŽENÍ:
- Čokoládové kelímky
- Čokoládové sušenky
- Čokoládové sušenky
- Mandle v čokoládě
- Marshmallows máčené v čokoládě
- Plátky čokoládového pekanového koláče
- Lanýže s mléčnou čokoládou a karamelem

INSTRUKCE:
a) Uspořádejte poháry s čokoládovou pěnou a čokoládové koláčky.
b) Položte čokoládové sušenky a mandle v čokoládě.
c) Rozsypte marshmallow máčené v čokoládě.
d) Přidejte čokoládové plátky pekanového koláče a karamelové lanýže z mléčné čokolády.

82. Dezert pro gurmánskou ochutnávku čokolády

SLOŽENÍ:
- Tmavé čokoládové tyčinky s jedním původem
- Espresso v čokoládě
- Pomerančová kůra v čokoládě
- Mořská sůl karamelová čokoláda
- Chilli čokoládové lanýže
- Oříšková pralinková čokoláda
- Čokoládový koláč Ganache

INSTRUKCE:
a) Uspořádejte tyčinky hořké čokolády s jedním původem a zrnka espressa v čokoládě.
b) Položte pomerančovou kůru pokrytou čokoládou a karamelovou čokoládu s mořskou solí.
c) Rozsypejte chilli čokoládové lanýže.
d) Přidejte oříškovou pralinkovou čokoládu a plátky čokoládového koláče ganache.

83.Dezertní deska z bílé čokolády Říše divů

SLOŽENÍ:
- Bílá čokoláda Malinový Cheesecake Bites
- Kůra preclíku z bílé čokolády
- Lanýže s kokosovou bílou čokoládou
- Jahody máčené v bílé čokoládě
- Lemon White Chocolate Blondies
- Pistáciová bílá čokoláda Fudge
- Střílečky s bílou čokoládou

INSTRUKCE:
a) Naaranžujte kousnutí malinového tvarohového koláče z bílé čokolády a kůru preclíku z bílé čokolády.
b) Položte lanýže z kokosové bílé čokolády a jahody máčené v bílé čokoládě.
c) Scatter citronově bílé čokoládové blondies.
d) Zahrňte fondán z pistáciové bílé čokolády a vystřelovače pěny z bílé čokolády.

84. Dezertní deska Kamenná cestaIndulgence

SLOŽENÍ:
- Kamenná cestaBrownies
- Marshmallow Pops v čokoládě
- Lískové oříšky čokoládové kousnutí
- Mandlové poháry radosti
- Tyčinky na preclík v čokoládě
- Trojitý čokoládový popcorn
- Mléčná čokoláda s karamelovými ořechy

INSTRUKCE:
a) Uspořádejte kamenité silniční brownies a čokoládové marshmallow pops.
b) Umístěte oříšková čokoládová sousta a mandlové poháry.
c) Tyčinky na preclíky v čokoládě.
d) Zahrňte trojitý čokoládový popcorn a karamelové ořechové shluky mléčné čokolády.

85. Dezert Mátová čokoláda BlaženostDessert Deska

SLOŽENÍ:
- Mátové košíčky s čokoládou
- Čokoládové mátové brownies
- Andes Mint Jahody v čokoládě
- Mátové placičky
- Střílečky s mátovou čokoládovou pěnou
- Tenké mátové sušenky
- Kůra máty peprné z tmavé čokolády

INSTRUKCE:
a) Uspořádejte mátové čokoládové košíčky a čokoládové mátové brownies.
b) Položte andské mátové jahody v čokoládě a mátové placičky.
c) Střílečky s mátovou čokoládovou pěnou.
d) Přidejte tenké mátové sušenky a kůru máty z tmavé čokolády.

86.Dezert čokoládových snů

SLOŽENÍ:
- Čokoládové lávové dorty
- Oříšková čokoláda křehká
- Banánové kousky v čokoládě
- Trojité čokoládové plátky tvarohového koláče
- Čokoládové mandlové shluky
- Kokosové makronky máčené v čokoládě
- Tmavé čokoládové malinové koláčky

INSTRUKCE:
a) Uspořádejte čokoládové lávové dorty a ořechovou čokoládu křehkou.
b) Položte banánová sousta pokrytá čokoládou a trojité plátky čokoládového tvarohového koláče.
c) Rozetřete čokoládové mandlové shluky.
d) Přidejte kokosové makronky máčené v čokoládě a malinové tartaletky z hořké čokolády.

87.Dezertní deska s karamelovou čokoládou

SLOŽENÍ:
- Slaný karamelový čokoládový koláč
- Karamelové čokoládové preclíkové tyčinky
- Čokoládový karamelový popcorn klastry
- Cheesecake Bites z mléčné dráhy
- Čokoládové lanýže plněné karamelem
- Želví Brownie kousnutí
- Jablka máčená v čokoládě a karamelu

INSTRUKCE:
a) Uspořádejte plátky slaného karamelového čokoládového koláče a tyčinky karamelového čokoládového preclíku.
b) Umístěte čokoládově karamelové popcornové shluky a kousnutí tvarohového koláče Milky Way.
c) Čokoládové lanýže plněné karamelem.
d) Přidejte želví sušenky a jablka máčená v čokoládovém karamelu.

88.Dezertní deska S'mores Galore

SLOŽENÍ:
- S'mores Cupcakes
- Graham Cracker Brownie Bites
- Marshmallow Pops v čokoládě
- S'mores Bark
- Mini S'mores Cheesecakes
- Opékané kokosové čokoládové tyčinky
- Tmavá čokoláda S'mores Lanýže

INSTRUKCE:
a) Uspořádejte koláčky s'mores a grahamové sušenky.
b) Umístěte čokoládu máčené marshmallow pops a s'mores kůru.
c) Scatter mini s'mores tvarohové koláče.
d) Přidejte opečené kokosové čokoládové tyčinky a lanýže z tmavé čokolády s'mores.

89.Bílá čokoláda malina romantická dezertní deska

SLOŽENÍ:
- Cheesecake tyčinky s bílou čokoládou a malinou
- Malinové čokoládové lanýže
- Bílá čokoláda malinové blondýnky
- Malinový čokoládový koláč řezy
- Poháry s bílou čokoládou a malinou pěnou
- Tmavá čokoláda Malinový Fudge
- Čokoládová malinová kůra

INSTRUKCE:
a) Naaranžujte tyčinky s malinovým cheesecakem z bílé čokolády a malinové čokoládové lanýže.
b) Umístěte bílé čokoládové malinové blondies a plátky malinového čokoládového koláče.
c) Rozházejte kelímky s bílou čokoládovou malinovou pěnou.
d) Zahrňte malinový fondán z tmavé čokolády a čokoládovou kůru z malin a mandlí.

90. Dezertní deska s lískooříškovou čokoládou Heaven

SLOŽENÍ:
- Oříškové čokoládové tiramisu poháry
- Čokoládové croissanty plněné nutellou
- Oříškové čokoládové lanýže Pops
- Čokoládové lískooříškové cheesecake bites
- Klastry lískooříškových čokoládových preclíků
- Čokoládové oříškové sušenky
- Střílečky s lískooříškovou čokoládovou pěnou

INSTRUKCE:
a) Uspořádejte oříškové čokoládové tiramisu poháry a čokoládové croissanty plněné Nutellou.
b) Umístěte lískooříškové čokoládové lanýže a čokoládové lískooříškové cheesecake kousnutí.
c) Rozházejte oříškové čokoládové preclíky.
d) Zahrňte čokoládové lískooříškové sušenky a lískooříškové čokoládové pěnové vystřelovače.

91. Dezertní deska pro lahůdky máčené v čokoládě

SLOŽENÍ:
- Jahody máčené v čokoládě
- Banány máčené v čokoládě
- Preclíky máčené v čokoládě
- Kokosové makronky máčené v čokoládě
- Plátky pomeranče máčené v čokoládě
- Karamelová jablka máčená v čokoládě
- Hrozny v čokoládě

INSTRUKCE:
a) Uspořádejte jahody, banány a preclíky máčené v čokoládě.
b) Poklademe v čokoládě máčené kokosové makronky a plátky pomeranče.
c) Nasypte karamelová jablka máčená v čokoládě.
d) Pro různé máčené lahůdky použijte hrozny v čokoládě.

DEZERTNÍ DESKY ZAMĚŘENÉ NA OVOCE

92. Dezertní deska Bobule blaženost Bonanza

SLOŽENÍ:
- Smíšené Berry Tartlets
- Borůvkový citronový tvarohový koláč
- Špízy na jahodový koláč
- Malinové mandlové tyčinky
- Blackberry Panna Cotta poháry
- Berry Parfait Střelci
- Jahody máčené v čokoládě

INSTRUKCE:
a) Naaranžujte míchané tartaletky z bobulí a borůvkový citronový tvarohový koláč.
b) Umístěte špízy na jahodový koláč a malinové mandlové tyčinky.
c) Poháry na ostružinovou panna cottu.
d) Zahrňte parfaitové vystřelovače z bobulí a jahody máčené v čokoládě.

93. Dezertní deska Tropické ovoce Paradise

SLOŽENÍ:
- Ananasový kokosový dort čtverce
- Mangový sorbet
- Kiwi limetkové tartaletky
- Poháry na mousse z mučenky
- Kokosové makaróny
- Dračí ovocné nanuky
- Tropický ovocný salát špízy

INSTRUKCE:
a) Naaranžujte čtverečky ananasového kokosového dortu a mangový sorbet.
b) Umístěte kiwi limetkové tartaletky a kelímky s marakuji.
c) Posypte kokosové makronky.
d) Přidejte nanuky z dračího ovoce a špízy do salátu z tropického ovoce.

94.Dezertní deska Extravaganza Citrusový výbuch

SLOŽENÍ:
- Citronové tyčinky
- Oranžové krémové nanuky
- Grapefruit Brûlée
- Limetkové kokosové košíčky
- Citrusové makaróny
- Citronově borůvkové tartaletky
- Krvavý pomerančový sorbet

INSTRUKCE:
a) Naaranžujte citronové tyčinky a pomerančové krémové nanuky.
b) Položte grapefruitové brûlée a limetkové kokosové košíčky.
c) Rozsypejte citrusové makronky.
d) Přidejte citronové borůvkové tartaletky a podávejte sorbet z krvavých pomerančů v jednotlivých šálcích.

95.Dezertní deska z sklizně sadů

SLOŽENÍ:
- Karamelové plátky jablka
- Peach Melba Mini koláče
- Švestkové tyčinky Kuchen
- Plátky meruňkového mandlového koláče
- Bobule a jablečný mošt donut díry
- Grilované broskve s medem
- Smíšené ovoce Kabobs

INSTRUKCE:
a) Naaranžujte plátky karamelového jablka a broskvové mini koláče melba.
b) Položte švestkové kuchen tyčinky a plátky meruňkovo-mandlového koláče.
c) Rozházejte dírky po bobulích a jablečném moštu.
d) Zahrňte grilované broskve s medem a míchané ovocné kaboby.

96. Dezertní deska s melounovým medleyem

SLOŽENÍ:
- Melounové nanuky
- Mátový sorbet z melounu
- Ovocný salát z medovicové bazalky
- Špízy s melounovými kuličkami
- Kiwi limetkový kokosový chia pudink poháry
- Střílečky Mango Melon Agua Fresca
- Berry Melon Gazpacho Střelci

INSTRUKCE:
a) Naaranžujte melounové nanuky a mátový sorbet z melounu.
b) Položte medovicový bazalkový ovocný salát a melounové kuličkové špízy.
c) Rozsypejte kiwi limetkové kokosové chia pudingové poháry.
d) Zahrňte vystřelovače mangového melounu agua fresca a vystřelovače gazpacho z bobulového melounu.

97. Dezertní deska s exotickým ovocem

SLOŽENÍ:
- Liči sorbet z růžové vody
- Papaya Lime Sorbetto poháry
- Starfruit plátky s chilli solí
- Mučenka Pavlova hnízda
- Guava macarons
- Jackfruit kokosový rýžový pudink Sklenice
- Tvarohové tyčinky s dračím ovocem

INSTRUKCE:
a) Uspořádejte poháry sorbetu z liči a sorbetu z limetky z papáji.
b) Poklademe plátky hvězdice s chilli solí a mučenkovými hnízdy pavlova.
c) Rozptýlené guava makronky.
d) Zahrňte jackfruitové sklenice na rýžový pudink a dračí ovocné tvarohové tyčinky.

98.Dezertní deska Léto bobule oslava

SLOŽENÍ:
- Poháry na koláč s jahodovou bazalkou
- Borůvkovo-citrónové nanuky
- Sklenice na malinový rýžový pudink
- Ostružinový limonádový sorbet
- Smíšené plátky Berry Galette
- Střelci z bobulového jogurtu Parfait
- Preclíkové tyčinky Berrylicious v čokoládě

INSTRUKCE:
a) Naaranžujte jahodovo-bazalkové koláčky a borůvkovo-citrónové nanuky.
b) Umístěte sklenice na malinový rýžový pudink a sorbet z mátové limonády.
c) Nakrájejte na plátky smíšené bobule galette.
d) Zahrňte parfaitové vystřelovače z bobulového jogurtu a tyčinky na preclík s berrylicious v čokoládě.

99.Citrusová karnevalová dezertní deska

SLOŽENÍ:
- Oranžové krémové košíčky
- Grapefruitové poháry Granita
- Citronové makové koláčky
- Limetkový bazalkový sorbet
- Citrusové plátky dortového mascarpone
- Clementine bonbóny máčené v čokoládě
- Kandovaná citronová kůra

INSTRUKCE:
a) Uspořádejte pomerančové krémové košíčky a grapefruitové granitové poháry.
b) Položte citronové mákové koláčky a limetkově bazalkový sorbet.
c) Posypte plátky citrusového koláče z mascarpone.
d) Zahrňte klementinské bonbony máčené v čokoládě a kandovanou citronovou kůru.

100.Dezertní deska Mango Šílenství

SLOŽENÍ:
- Sklenice na parfait s lepkavou rýží z manga
- Mangový sorbet
- Kokosově mango rýžové poháry
- Mučenkové mangové tvarohové tyčinky
- Salsa z mango a bazalky se skořicovými tortilla chipsy
- Mango kokosové makronky
- Tropické Mango Smoothie Střílečky

INSTRUKCE:
a) Uspořádejte sklenice na parfait z mangové lepkavé rýže a mangový sorbet.
b) Umístěte košíčky s kokosovým mangovým rýžovým nákypem a tvarohové tyčinky s maracuji mangem.
c) Posypte mangovou bazalkovou salsu s tortilla chipsy se skořicovým cukrem.
d) Zahrňte mangové kokosové makronky a podávejte tropické mangové smoothie v jednotlivých šálcích.

ZÁVĚR

Doufáme, že na konci naší nádherné cesty „Kompletním receptem na dezertní desky" jste zažili radost z proměny dezertů ve vizuální a kulinářské mistrovské dílo. Každý recept na těchto stránkách je oslavou umění prezentace, rozmanitosti sladkostí a potěšení ze sdílení dezertů ve společném prostředí – důkaz kreativity a požitkářství, které dezertní desky přinášejí na stůl.

Ať už jste si vychutnávali bohatost čokoládových desek na fondue, vychutnávali si čerstvost ovoce a sýrových pomazánek nebo jste si pochutnali na sladkosti elegantního pečiva, věříme, že vás tyto recepty inspirovaly k vytvoření vlastních vizuálně úžasných dezertních desek. Kéž se koncept dezertních prkének stane kromě ingrediencí a technik zdrojem radosti, spojení a společných okamžiků potěšení.

Když budete pokračovat ve zkoumání světa dezertních prkének, může být „Kompletním receptem na dezertní desky" vaším důvěryhodným společníkem, který vás provede řadou lahodných možností, které pozvednou vaši hru na dezerty a promění každou příležitost ve sladkou oslavu. Zde je vytvoření krásných vzpomínek a oddání se dokonalému zážitku z desky – čekají na vás sladké okamžiky!

www.ingramcontent.com/pod-product-compliance
Lightning Source LLC
Chambersburg PA
CBHW071908110526
44591CB00011B/1597